Er...
chez Tante Agathe

Anne Didier est née en 1969. Elle a enseigné le français dans l'Oise et un peu en Afrique. Ce qui lui tenait à cœur, dans ce métier, c'était surtout de donner aux élèves l'envie d'écrire des histoires. Après la naissance de ses deux garçons, Antoine et Adrien, elle s'est décidée à écrire elle aussi… pour les enfants.

Du même auteur dans Bayard Poche :

Le trésor du roi qui dort - Les apprentis sorciers (Mes premiers J'aime lire)

Classe verte sur planète bleue (J'aime lire)

Frédéric Pillot est né à Hayange en Moselle. Il a suivi les cours de l'atelier de Claude Lapointe aux Arts Décoratifs de Strasbourg, où il vit actuellement. Ses ouvrages sont publiés aux éditions Milan, Glénat, Delcourt et Magnard.

Enquête chez Tante Agathe

Une histoire écrite par Anne Didier
illustrée par Frédéric Pillot

J'AIME LIRE

BAYARD POCHE

1
Edgar le robot

Papa nous a déposées avec nos valises devant chez Tante Agathe. Il nous a collé deux bisous sur les joues puis il est reparti si vite que les pneus de la voiture ont fait voler les graviers de l'allée.

Lulu, ma petite sœur, a levé son nez pour lire la plaque enfouie dans la vigne vierge : « Inventrice à domicile ».

Nous étions ravies toutes les deux de retrouver notre tante et ses inventions : la cuillère à casser les œufs à la coque, la machine à beurrer les tartines, le gant de toilette automatique…

Nous avons sonné plusieurs fois, et Tante Agathe est venue ouvrir.

– Bichette première et Bichette seconde ! s'est-elle exclamée en nous embrassant. Quel plaisir de vous voir ! Entrez ! Edgar va monter vos affaires.

Edgar, le robot-majordome* de la maison, est apparu dans l'entrée. Il a pris nos valises et il a grimpé quelques marches.

– Edgar, n'utilise pas ton bras droit ! s'est écriée Tante Agathe. Tu sais bien….

Elle n'a pas eu le temps de terminer sa phrase... Edgar a lâché la valise, qui s'est mise à glisser et à dégringoler l'escalier.

– Edgar a le bras droit qui se coince, a expliqué Tante Agathe, il faut que je pense à le faire réparer.

* Majordome : personne qui s'occupe de tous les travaux domestiques.

Tante Agathe nous a fait signe de venir au salon. Elle s'est affalée sur son fauteuil à bascule électrique en poussant un profond soupir. Elle semblait nerveuse et fatiguée.

– Ça ne va pas, Tante Agathe ? ai-je demandé.

– Ce n'est rien, Adèle. Je suis juste un peu surmenée en ce moment. Je prépare le concours Lépingle, le concours d'inventions le plus important de l'année. Il a lieu dans trois jours et je suis très en retard pour la nouvelle invention que je veux présenter.

Lulu s'est exclamée :

– Alors on va t'aider !

– C'est gentil de votre part, mes bichettes ! a répondu Tante Agathe. Mais je ne sais même pas si on va y arriver à trois… Le problème, c'est qu'en ce moment j'ai de terribles trous de mémoire. Je pose un flacon dans un endroit et, l'instant d'après, je ne sais plus où je l'ai mis. Je crois commander du détergent* par la poste et je reçois du bain moussant… Cela me retarde énormément.

* Détergent : produit qui nettoie. La lessive est un détergent.

– Et qu'est-ce que tu as prévu d'inventer pour le concours ? a demandé ma sœur.

– Du PPP, a répondu Tante Agathe, les yeux soudain brillants, du Pousse Pousse Pousse, si vous préférez. C'est un engrais révolutionnaire, totalement naturel, qui permettra de faire pousser une plante cent fois plus vite qu'à l'ordinaire et qui augmentera considérablement sa taille.

– Génial ! me suis-je écriée. On a hâte de te donner un coup de main.

Tante Agathe a regardé sa montre et elle a ajouté :

– C'est d'accord mais, pour l'instant, il est l'heure de dîner. Venez goûter à mes endives au miel.

Lulu m'a fait sa grimace préférée. Nous apprécions beaucoup l'imagination débridée de notre tante... mais pas forcément dans tous les domaines.

En nous rendant dans la cuisine, j'ai chuchoté :

– Lulu, tu ne trouves pas un peu bizarre cette histoire de trous de mémoire ?

– C'est vrai, a reconnu ma sœur, surtout que Tante Agathe se souvient toujours de tout, d'habitude.

– Il me semble que nous devrons ouvrir l'œil, les jours prochains…

2
Madame Bégonelle, la voisine

Le lendemain matin, quand nous avons ouvert la fenêtre de notre chambre, nous avons aperçu madame Bégonelle, la voisine, qui sortait précipitamment de la maison.

Nous sommes descendues pour prendre le petit déjeuner. Notre tante avait l'air contrariée.

– Je suis en train de chercher la clef de l'atelier, nous a-t-elle dit. Je l'ai à nouveau égarée. Pourtant, j'étais persuadée de l'avoir posée sur cette commode, hier soir.

J'ai aussitôt proposé :

– Nous allons t'aider à la chercher. Comment est cette clef ?

– Très reconnaissable, c'est la seule à être triangulaire.

Mais nous avons eu beau fouiller chaque recoin, il a été impossible de la retrouver.

– Quelqu'un est-il passé devant la commode ce matin ? ai-je demandé.

– Seulement madame Bégonelle, qui vient de partir. Elle tenait absolument à voir mon nouveau détecteur à miettes.

Tante Agathe a réfléchi :

– Madame Bégonelle est même passée devant deux fois, car elle avait oublié son sac.

Lulu et moi avons échangé un regard.

Finalement, après le petit déjeuner, faute de clef, Tante Agathe a demandé à Edgar de casser une vitre de l'atelier. Lulu s'est faufilée à l'intérieur pour ouvrir le loquet de la porte.

Tante Agathe nous a donné ses consignes :

– Nous devons d'abord extraire le suc d'une centaine de jeunes pousses de baobabs et les associer aux spores d'une cinquantaine de kilos de champignons de Paris. Ce mélange est fulgurant si on utilise de l'huile de tournesol comme catalyseur*. Ensuite, nous devrons distiller le tout dans ce grand alambic, là-bas… Ce sera

* Catalyseur : appareil qui accélère la réaction des différents éléments entre eux pour donner un nouveau produit.

l'opération la plus délicate. Si elle réussit, nous obtiendrons plusieurs centilitres de PPP.

C'était un peu difficile de la suivre… mais nous avions hâte de voir le résultat.

Nous avons rassemblé les ingrédients nécessaires et nous nous sommes mises au travail…

Lulu et moi devions mixer les champignons pendant que notre tante s'occupait des pousses de baobabs. À midi, nous avions travaillé avec tant d'acharnement que nos tâches respectives étaient terminées… Nous sommes allées déjeuner le cœur léger.

Dans la cuisine, Edgar avait fabriqué de la pâte et mis en marche la machine à faire sauter les crêpes. Nous n'avions plus qu'à mettre le couvert. Alors que la première crêpe partait comme une fusée vers le plafond, Tante Agathe s'est exclamée, toute ragaillardie :

– En travaillant à ce rythme, nous aurons terminé ce soir !

3
Le professeur Morvant

À la fin du repas, la cloche de l'entrée a retenti et un grand homme maigre en costume a entrebâillé la porte.

– Bon appétit, la petite famille ! a-t-il lancé. Je viens prendre des nouvelles du PPP.

– Je vous présente mon ami le professeur Morvant, nous a dit Tante Agathe, le célèbre inventeur de la tondeuse à gazon téléguidée…

Notre tante s'est tournée vers le professeur :

– Avez-vous le temps de prendre un café, professeur ? C'est Edgar qui l'a préparé tout à l'heure. Ce cher robot fonctionne beaucoup mieux depuis que vous m'avez aidée à le réparer. Cependant, il a encore un petit problème au bras.

– Il faudra que je m'en occupe, un de ces jours, a répondu le professeur. C'est d'accord pour le café.

Tante Agathe a parlé avec enthousiasme de notre travail du matin.

– Et votre projet, professeur ? a-t-elle demandé.

– Je travaille actuellement sur un taille-haie téléguidé, nous a-t-il expliqué. Mais il n'est pas encore tout à fait au point.

Quand il est reparti, Tante Agathe nous a expliqué que le professeur était très fort en électronique, mais qu'il avait un peu de mal à se renouveler.

Nous sommes ensuite retournées à l'atelier.

Une mauvaise surprise nous y attendait. Le flacon de suc de baobab était renversé.

– Qui a pu faire cela ? s'est exclamée Lulu.

– Mais personne, voyons ! a répondu notre tante, il y a un tel courant d'air depuis que le carreau est cassé que le flacon s'est renversé tout seul. Nous allons recommencer !

– On dirait que quelqu'un cherche à tout saboter, ai-je repris.

– Peuh…, a-t-elle répondu, qui aurait intérêt à me mettre des bâtons dans les roues ?

En début de soirée, il ne nous restait plus qu'à verser l'huile de tournesol dans le mélange, quand nous nous sommes aperçues que la bouteille d'huile avait disparu.

– Où ai-je bien pu la mettre ? s'est lamentée Tante Agathe…

Le regard de Lulu a croisé le mien : j'ai compris qu'elle pensait comme moi. Nous trouvions Tante Agathe bien naïve. Elle ne perdait pas la mémoire. L'huile était bien sur l'étagère, le matin même.

– C'est sûrement la voisine…, a murmuré Lulu.

– Que veux-tu dire ? a demandé Tante Agathe.

Lulu s'est reprise :

– Euh… je veux dire que, sûrement, la voisine peut nous prêter de l'huile…

Si la voisine était entrée dans l'atelier, comme je le soupçonnais, c'était une bonne idée d'observer sa réaction quand nous lui demanderions de l'huile.

Mais Tante Agathe s'est exclamée :

– Madame Bégonelle ? Elle est partie pour deux jours. Elle est passée ce matin pour me prévenir de son départ.

Tante Agathe a regardé sa montre.

– Je vais plutôt aller acheter une bouteille chez l'épicier. Le magasin doit encore être ouvert.

Ma tante est sortie, et aussitôt ma sœur et moi sommes allées au bout du jardin pour inspecter la maison de la voisine. Tout était tranquille, mais sa vieille 4L était encore devant son garage.

– Partir deux jours sans sa voiture… c'est plutôt louche, ai-je murmuré. Il va falloir tirer ça au clair…

Quand Tante Agathe est revenue, nous avons pu nous remettre au travail. À huit heures, nous avions obtenu un seau entier de liquide verdâtre et poisseux.

– Bravo, mes bichettes ! Il ne reste plus qu'à le distiller ! s'est écriée Tante Agathe, au comble de l'excitation.

Elle a versé une partie du liquide dans l'alambic et elle a ouvert le gaz.

4
La clef triangulaire

À dix heures du soir, enfin, les premières gouttes de PPP sont apparues au bout de l'un des tuyaux. Tante Agathe est allée chercher un pulvérisateur à plante verte et elle a recueilli le précieux liquide : 30 centilitres en tout, un résultat inespéré. Elle a ensuite ouvert la fenêtre de la cuisine et a vaporisé très légèrement les fleurs d'un géranium en pot.

Le résultat a été aussi spec-
taculaire qu'immédiat. Les fleurs
de géranium se sont mises à grandir et
à gonfler. En quelques secondes, elles
avaient atteint la taille d'un arbuste et
fait éclater leur pot.

– Formidable ! s'est exclamée Tante
Agathe… Avec ce produit miracle,
nous sommes certaines de rem-
porter le concours.

Nous avons mis le pulvérisateur au réfrigérateur pour qu'il reste à bonne température.

– Vous êtes bien témoins que le PPP est dans le frigo ! nous a dit Tante Agathe en riant. Bon, maintenant, au lit tout le monde, nous méritons une bonne nuit de repos.

Edgar nous a accompagnées jusqu'à notre chambre et il s'est penché pour nous faire la bise. C'est alors qu'un objet métallique est tombé par terre. Il l'a ramassé précipitamment… mais j'ai eu tout de même le temps d'apercevoir qu'il s'agissait d'une clef. Une clef… triangulaire.

Une fois dans la chambre, j'ai vérifié que le robot n'écoutait pas derrière la porte et j'ai fait part de ma découverte à Lulu.

– Edgar serait donc le responsable des trous de mémoire de Tante Agathe ? a-t-elle murmuré. Mais pourquoi essaierait-il d'empêcher notre tante d'avancer dans son travail ? Il est peut-être en relation avec madame Bégonelle.

J'ai déclaré à ma sœur :

– C'est ce que nous devons absolument savoir… D'ailleurs je pense avoir une idée là-dessus.

– Mais, s'est soudain exclamée Lulu, si Edgar cherche à nuire à Tante Agathe… le PPP est en danger !

Lulu avait raison. Nous avons décidé d'aller chercher immédiatement le pulvérisateur pour le confier à notre tante. Nous sommes descendues à la cuisine à pas de loup. Lulu a ouvert le frigo et a poussé un cri.

Le PPP avait disparu !

Au moment où Lulu fermait le frigo, nous avons entendu des bruits à l'extérieur, sur le gravier... Je me suis précipitée à la fenêtre et j'ai aperçu la silhouette d'Edgar qui se découpait dans la clarté lunaire. Le robot se dirigeait vers le portail, un objet à la main.

– Vite, Lulu, ai-je soufflé, Edgar s'en va avec le PPP… Nous devons le suivre !

5
L'homme au chien

Quand nous sommes sorties de la maison, le portail était entrouvert. Lulu a jeté un coup d'œil dans l'allée.

– Il se dirige vers la maison de madame Bégonelle, a-t-elle murmuré.

Mais, comme je m'y attendais déjà, Edgar ne s'est pas arrêté. Il a continué et a remonté la rue des Commerces. Arrivé devant une petite place, il a ralenti et emprunté une ruelle.

Edgar s'est enfin arrêté devant un énorme portail, qui s'est ouvert à son approche.

– Suivons-le, a soufflé Lulu.

Derrière le portail se trouvait un parc immense. Une allée menait à une grande bâtisse sombre, étranglée par le lierre. Je n'étais jamais venue dans cette propriété, mais je devinais déjà à qui elle appartenait.

– Longeons le parc par la droite, ai-je proposé. Nous pourrons nous approcher de la maison sans nous faire repérer.

Nous avons progressé entre les arbres et nous nous sommes cachées derrière un buisson tout près de la maison. Edgar venait d'arriver devant l'entrée. Un homme long et mince est sorti en tenant en laisse un chien énorme.

– Incroyable ! C'est le professeur Morvant, a murmuré Lulu.

– Pas si incroyable que ça, ai-je soufflé.

Mais je me suis interrompue. Le chien aboyait dans notre direction !

Le professeur s'est écrié :

– Edgar, on dirait que tu as été suivi ! Va voir qui se cache par là.

Edgar s'est dirigé vers nous. Le professeur a allumé une torche et l'a braquée sur nous. Comme on ne bougeait pas, le robot a saisi Lulu par le col avec sa main droite et l'a soulevée.

Mais, soudain, son bras s'est coincé, et il a lâché ma sœur dans un grincement de ferraille. Profitant de l'occasion, Lulu l'a bousculé et lui a arraché le PPP.

Tout s'est ensuite passé très vite. Lulu m'a lancé le pulvérisateur et nous nous sommes sauvées en direction de l'entrée. Edgar nous poursuivait et il allait nous rattraper, lorsque j'ai eu l'idée de me servir du PPP.

J'en ai pulvérisé quelques gouttes juste derrière nous, et le gazon du parc s'est alors mis à pousser de façon incroyable.

Le robot a coincé ses roulettes dans les herbes hautes. Nous avons continué à courir alors que, derrière nous, poussait une véritable forêt d'herbes gigantesques…

La voix du professeur nous parvenait, étouffée par la végétation :

– C'est quoi, cette jungle ? Et où sont passés les rôdeurs ? Molosse ! Edgar ! Débrouillez-vous pour les retrouver.

Nous sommes bientôt arrivées devant le portail de la propriété. Il s'était refermé.

– Il est bien trop haut pour être escaladé…, a soufflé Lulu.

– Sauf si on utilise le PPP…, ai-je murmuré. Lulu, grimpe sur cet arbuste près du pilier !

Lulu a grimpé dans l'arbuste, que j'ai ensuite vaporisé de PPP.

L'arbuste s'est aussitôt mis à pousser, emportant Lulu dans ses branches. Je suis montée à mon tour dans l'arbre et nous avons réussi à franchir le portail. Il était temps, car l'énorme chien venait d'apparaître entre les herbes géantes.

6
Tout s'éclaire

Nous avons couru à perdre haleine. Dans la rue des Commerces, un véhicule pétaradant nous a dépassées. Il a ralenti et la voix de notre tante a retenti :

– Mes bichettes ! Que faites-vous ici à minuit passé ? Cela fait plus d'une heure que je vous cherche partout.

Nous sommes rentrées à la maison et nous avons raconté notre aventure à Tante Agathe.

– Je n'arrive pas à croire que le professeur Morvant ait pu faire une chose pareille, a-t-elle murmuré, c'est un homme si charmant…

– Pourtant tout concorde…, ai-je expliqué. S'il est venu à l'heure du café, aujourd'hui, c'était pour laisser à Edgar le temps de dérober la bouteille d'huile et de renverser le suc de baobab dans l'atelier.

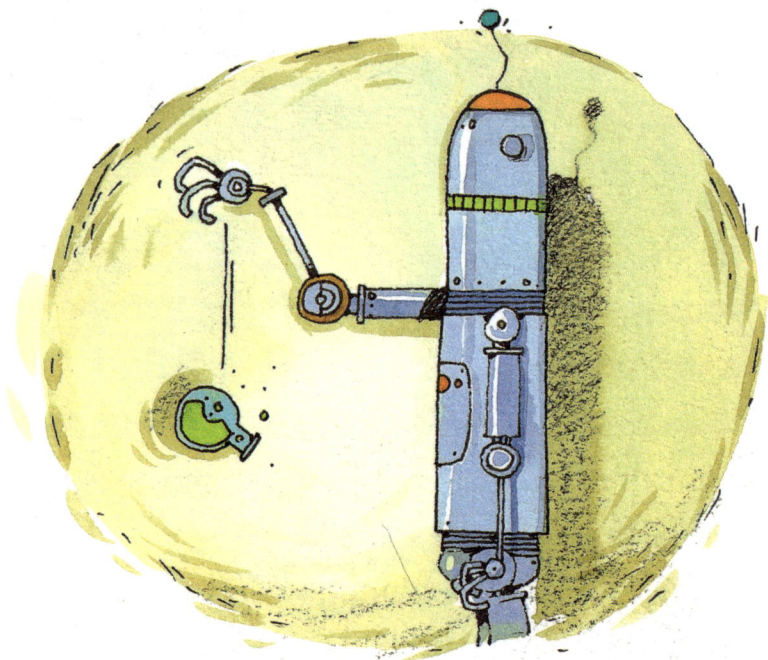

Lulu s'est écriée :

– Et dire que nous avons soupçonné madame Bégonelle !

Tante Agathe a levé les yeux au ciel :

– Madame Bégonelle ! Eh bien, pour vous faire pardonner, vous viendrez avec moi la chercher à la gare, demain soir !

Lulu a réfléchi un instant puis elle a demandé :

– Mais pourquoi le professeur a-t-il fait ça ?

Tante Agathe a expliqué :

– Il voulait m'empêcher de gagner. Cela fait plusieurs années qu'il ne remporte plus aucun concours… Il y a un mois, je lui ai demandé s'il pouvait me donner une carte électronique pour augmenter la capacité d'autonomie d'Edgar…

– Il en a alors profité pour mettre le robot sous ses ordres, a conclu Lulu.

Tante Agathe a acquiescé, l'air pensif.

– Tu vas appeler la police ? ai-je demandé.

– Je ne sais pas encore… En tout cas, je préviendrai demain les organisateurs du concours Lépingle. Le professeur sera certainement disqualifié. Je prendrai aussi le temps d'enlever la carte électronique d'Edgar et de le reprogrammer.

– Tu en profiteras pour réparer son bras droit, alors ? a dit Lulu.

– Bien sûr, a répondu Tante Agathe, ce sera l'occasion... Mais, maintenant, nous allons tout fermer à clef et nous coucher. Il faut que nous soyons en forme pour le concours de demain. Nous allons faire une magnifique démonstration !

Tante Agathe nous a regardées en souriant et elle a ajouté :

– D'ailleurs, à partir de maintenant, notre produit miracle ne s'appelle plus le PPP, j'ai trouvé un nom qui lui va beaucoup mieux…

– Ah oui ?

– Ce sera l'engrais 2B, en l'honneur de mes deux bichettes préférées. Vous l'avez bien mérité !

Achevé d'imprimer en novembre 2007 par Oberthur Graphique
35000 RENNES – N° Impression : 8145
Imprimé en France